LE

MONOPOLE DES AGENTS DE CHANGE

ET

L'ARTICLE 76 DU CODE DE COMMERCE

PAR

Édouard BADON-PASCAL

Avocat,

Membre de la Société d'Économie politique.

PRIX : 1 Franc

ADMINISTRATION DU DROIT FINANCIER
1, RUE ROSSINI, 1

LE DROIT FINANCIER

Jurisprudence des Valeurs mobilières et des Sociétés.

RECUEIL BI-MENSUEL.

Fondé en 1888 par *M. EDOUARD BADON-PASCAL.*

Avocat, membre de la Société d'économie politique.

8ᵉ ANNÉE.

PRIX DE L'ABONNEMENT:

FRANCE ET ALGÉRIE : **16 fr.**

ÉTRANGER **18 fr.**

Les abonnements sont annuels et partent du 1ᵉʳ janvier.

OUVRAGES FINANCIERS

publiés par M. Ed. Badon-Pascal.

Des Marchés à terme. — *Etude pratique au point de vue légal et financier.* (3ᵉ édition grand in-8) . . . . 6 fr.

La crise de la Bourse (1882). — Causes, remèdes, in-8 . . . . . 1 fr.

Agent de change. — Banquier. — Changeur. — *Leur rôle et leur responsabilité* dans la négociation des valeurs, in-8 . . . . 1 fr.

Le monopole des agents de change. — *Valeurs cotées, valeurs non-cotées,* in-8 . . . . 1 fr.

Les syndicats financiers, in-8 . . . . 1 fr.

Des obligataires, in-8 . . . . 1 fr.

De la responsabilité des chambres syndicales d'agents de change. — Faits de charge. — Transmission d'un office, in-8. 1 fr.

LE

MONOPOLE DES AGENTS DE CHANGE

ET

L'ARTICLE 76 DU CODE DE COMMERCE

LE
MONOPOLE DES AGENTS DE CHANGE

ET

L'ARTICLE 76 DU CODE DE COMMERCE

PAR

Édouard BADON-PASCAL

Avocat,

Membre de la Société d'Économie politique.

PRIX : 1 Franc

PARIS

ADMINISTRATION DU DROIT FINANCIER

1, RUE ROSSINI, 1

LE
MONOPOLE DES AGENTS DE CHANGE
ET
L'ARTICLE 76 DU CODE DE COMMERCE

CHAPITRE PREMIER

Sanction correctionnelle.

L'origine de la corporation des agents de change se trouve dans une ordonnance de février 1304, rendue par Philippe-le-Bel. Cette ordonnance décidait que « *Ceux du change se réuniront sur le grand pont du côté de la Grève, entre la grande arche et l'Eglise de Saint-Leufroy* (1) ».

Mais les fonctions des courratiers étaient libres. C'est Charles IX qui, par son édit du 15 juin 1572, a créé « l'office de courretiers de change et autres marchandises ». A partir de ce moment, les courretiers ont été nommés par les baillifs et sénéschaux.

L'avis du Conseil d'État du 2 avril 1639 a décidé que les courtiers de change seraient désormais désignés sous le nom d'agents de change.

Louis XIV fortifia le privilège en défendant à toute personne de faire aucune des négociations attribuées aux agents de change. Cette défense a été renouvelée par les arrêts du Conseil d'Etat des 30 avril 1720, 24 septembre 1724, 26 novembre 1781, 7 août 1785 et les lois des 28 ventôse an IX (art. 7 et 8) et 27 prairial an X (art. 4) (2). Toute cette législation prononçait aussi la nullité des opérations faites par des intermédiaires sans qualité.

Enfin l'article 76 du Code de Commerce est venu confirmer le privilège en édictant « *que les agents de change ont seuls le droit de faire les négociations des effets publics et autres susceptibles d'être cotés.* »

(1) C'est le Pont-au-Change actuel.
(2) V. ces arrêts et lois dans notre ouvrage sur les *Marchés à terme.*

Telle est la législation qui a fondé et consacré le monopole des agents de change.

En 1859, les agents de change voulurent arrêter les empiétements des coulissiers et faire cesser un état de choses qui leur portait un grave préjudice. M. Coin, en sa qualité de syndic de la corporation, déposa une plainte entre les mains du procureur impérial contre les coulissiers qui commettaient un délit en s'immisçant dans les fonctions des agents de change. Vingt-six coulissiers furent poursuivis en police correctionnelle, comme inculpés d'avoir violé les dispositions de la loi du 28 ventôse an IX et de l'arrêté du 27 prairial an X.

Les coulissiers furent condamnés par le Tribunal à payer chacun, et avec contrainte par corps, une amende de 10.000 francs, applicable aux Enfants Trouvés.

Sur appel, la Cour de Paris a confirmé le jugement.

Les coulissiers se sont pourvus en Cassation. Ils invoquaient la violation de l'article 76 du Code de Commerce, de la loi du 28 ventôse an IX et de l'arrêté du 27 prairial an X, des articles 85 et 86 du Code de Commerce en ce que l'arrêt attaqué avait, à tort, d'une part, déclaré recevable l'action civile de la Compagnie des Agents de change de Paris, et, d'autre part, considéré comme existant le délit d'immixtion dans les fonctions d'agents de change, bien que les faits constatés fussent relatifs à des opérations à terme se réglant par des différences, opérations non comprises, dans les attributions exclusives des agents de change.

On invoquait, en outre, la violation des articles 8 de la loi du 28 ventôse an IX, 90 de la loi du 28 avril 1816 et de l'ordonnance du 29 janvier 1818, en ce que l'arrêt attaqué — pour déterminer le quantum de l'amende à laquelle il avait condamné les prévenus — s'était reporté audit article 90 de la loi de 1816 et à l'ordonnance de 1818, qui fixait le cautionnement des agents de change de Paris à la somme de 125.000 francs, et non à l'article 9 de la loi du 28 ventôse an IX qui fixait le cautionnement à la somme de 60.000 francs seulement.

La Chambre Criminelle de la Cour de Cassation a rejeté le pourvoi par l'arrêt suivant du 19 janvier 1860 :

La Cour,

Sur les premier et deuxième moyens tirés de la fausse application et, par suite, de la violation des articles 76 du Code de

Commerce, 8 de la loi du 28 ventôse an IX, 85 et 86 du Code de Commerce et 13 de l'arrêté du 27 prairial an X, en ce que la Chambre syndicale a été déclarée recevable dans son action et que les peines du délit d'immixtion dans les fonctions des agents de change ont été appliquées aux demandeurs pour des faits relatifs à des opérations non comprises dans les attributions exclusives des agents de change :

Attendu que l'arrêt attaqué déclare que, depuis moins de trois ans, les demandeurs ont agi comme intermédiaires, moyennant une commission ou un courtage, entre vendeurs et acheteurs d'effets publics et de valeurs susceptibles d'être cotées; qu'ils ont proclamé et constaté des cours à la Bourse et en dehors de la Bourse ;

Attendu que s'entremettre, moyennant commission ou courtage, entre vendeurs et acheteurs de fonds publics et de valeurs susceptibles d'être cotées, ou, ce qui est la même chose, mettre en rapport les vendeurs et les acheteurs, préparer et passer les actes tendant à la consommation des achats et des ventes, c'est faire les négociations de ces fonds publics et valeurs ;

Attendu que de telles négociations rentrent dans les fonctions de l'agent de change ; qu'elles n'appartiennent qu'à lui seul, en vertu d'un droit exclusif, aux termes de l'article 76 du Code de Commerce ; que l'article 7 de la loi du 28 ventôse an IX, organique des Bourses de commerce et de l'institution des agents de change, et le même article 76 ne donnent pareillement qu'à eux seuls le droit de constater le cours du change et celui des effets publics ; qu'ainsi, sous ces deux premiers rapports, l'arrêt attaqué a justement regardé comme établi que les demandeurs s'étaient immiscés dans les attributions des agents de change ;

Attendu que les prévenus ont vainement soutenu que toutes leurs opérations ayant été des opérations à terme, celles-ci sont interdites à l'agent de change, ou parce qu'il ne peut traiter qu'après remise des fonds et dépôt préalable des titres, ou parce qu'elles entrainent une obligation de garantie ;

Attendu que la disposition de l'article 76 du Code de Commerce est générale et absolue; qu'elle n'a pas distingué entre les négociations à terme et les négociations au comptant; qu'elle comprend virtuellement les unes comme les autres dans les opérations exclusives des agents de change ; que les opérations à terme ont été réputées licites à la seule condition qu'elles soient sérieuses, qu'elles tendent à la délivrance même des titres et ne cachent pas des marchés fictifs et de jeu ; qu'on ne concevrait pas que la négociation à terme qui offre plus de périls et peut devenir plus facilement un moyen de fraude à la loi, soit précisément celle que le législateur eût interdite à l'officier public, qu'il instituait, pour la livrer à des intermédiaires sans qualité et dépourvus de toutes les garanties qu'il exigeait ;

Attendu qu'il suit de là que, fût-il vrai, ce qui, d'ailleurs, n'est pas constaté par l'arrêt attaqué, que les demandeurs n'auraient fait que des opérations à terme, ils n'auraient pas moins usurpé à cet égard les fonctions d'agent de change ; qu'en le décidant ainsi, en déclarant l'action civile de la Chambre syndicale recevable et en prononçant contre eux les peines du délit d'immixtion, l'arrêt, loin d'avoir violé les articles 76 du Code de Commerce, 7 et 8 de la loi du 28 ventôse an IX, 4 et 13 de l'arrêté du 27 prairial an X, 85 et 86 du Code de Commerce, en a fait une juste et saine application ;

Sur le troisième moyen consistant à soutenir qu'il y aurait eu seulement immixtion dans les négociations d'effets publics :

Attendu que ce qui vient d'être dit de la juste application de la loi quant au délit d'immixtion dans les fonctions d'agent de change rend inutile l'examen de ce troisième moyen ;

Sur le quatrième moyen tiré de la fausse application et, par suite, de la violation des articles 8 de la loi du 28 ventôse an IX, 90 de la loi du 28 avril 1816 et de l'ordonnance du 9 janvier 1818, en ce que l'arrêt attaqué, pour déterminer la quotité de l'amende à laquelle il a condamné les prévenus s'est reporté audit article 90 de la loi de 1816 et à l'ordonnance de 1818, qui fixent le cautionnement des agents de change à Paris à la somme de 125.000 francs et non à l'article 9 de la loi du 28 ventôse an IX elle-même, qui fixait ce cautionnement à la somme de 60.000 francs seulement :

Attendu qu'il ne résulte pas de la loi du 28 ventôse an IX que, pour la fixation de l'amende, cette loi se soit invariablement attachée au taux du cautionnement de cette époque ; que les fonctions d'agent de change ayant pris plus d'importance et imposant à l'officier public une responsabilité plus grande, son cautionnement a dû être augmenté, comme il l'a été, en effet, par la loi de 1816 ;

Que l'usurpation de la fonction devenant un délit plus grave, soit par le dommage causé aux agents de change, soit par le gain illicite qu'en retirent les délinquants, il y a juste motif que l'amende suive la même progression et puisse être proportionnée au délit lui-même ;

. Attendu que la peine ne prend pas ainsi un caractère variable, l'amende ayant toujours pour base le taux du cautionnement, comme l'a voulu la loi de l'an IX ;

Par ces motifs,

Rejette le pourvoi.

Conseiller rapporteur, M. Bresson ; — avocat général, M. Martinet ; avocats des demandeurs, MM. Rendu et Herold ; avocat des défendeurs, M. Delaborde.

Cet arrêt, rendu après les savantes plaidoiries des avocats de la Cour d'appel et de la Cour de Cassation, a eu deux conséquences importantes :

1. — Il a confirmé la sanction pénale du privilège en appliquant les dispositions des lois des 28 vendémiaire et 28 ventôse an IX, ainsi que l'arrêté du 27 prairial an X.

2. — Il a décidé que le privilège des agents de change s'étendait aussi aux marchés à terme se réglant par le paiement de différences.

CHAPITRE II

Sanctions civiles.

§ 1. **Nullité des opérations.**
§ 2. **Refus d'action.**

§ 1.

Nullité des opérations.

En 1859, on a donc appliqué la sanction correctionnelle à la requête des agents de change, mais la sanction civile n'avait pas encore reçu de consécration. Le législateur de 1807 qui avait confirmé, dans l'article 76 du Code de Commerce, le privilège des agents de change n'avait ni inséré, ni rappelé dans cet article les prescriptions contenues dans la législation antérieure relative à la nullité des opérations faites par des intermédiaires sans qualité.

Aussi, comme les nullités sont de droit étroit, la jurisprudence appliquait-elle seulement aux opérations des coulissiers l'exception de jeu, comme pour celles des agents de change ; c'était, du reste, suffisant.

La sanction civile ne fut donc pas tout d'abord appliquée d'office et consacrée par la Cour suprême. On peut citer, à ce sujet, un arrêt de Cassation qui n'invoquait pas encore le mandat illicite.

Dans une instance engagée par Calzado contre Audousset en réclamation d'un solde débiteur, Audousset demanda la justification de ses opérations par bordereaux d'agent de change pour constater leur régularité. Calzado prétendit qu'il avait reçu le mandat d'acheter en banque, qu'il en justifiait, mais qu'on ne pouvait lui demander la justification d'un mandat contraire à celui qu'il avait reçu.

Le Tribunal de Commerce, par son jugement en date du 4 février 1876, accepta le moyen invoqué par Calzado et décida que les opérations avaient été faites conformément au mandat. En conséquence, il condamne Audousset à payer le montant des avances effectuées pour son compte.

La Cour d'appel, par arrêt en date du 22 juillet 1876, confirme purement et simplement le jugement du Tribunal.

Audousset s'étant pourvu en Cassation, la Chambre des Requêtes a rejeté son pourvoi par l'arrêt suivant du 18 avril 1877 :

La Cour ;

« Sur le premier moyen, tiré de la violation des articles 1989, 1991 et 1992 du Code Civil : — Attendu qu'il est constaté en fait par l'arrêt attaqué que, dans l'exécution du mandat qu'il avait reçu d'Audousset, Calzado n'a fait aucun acte préjudiciable aux intérêts de son mandant ; que, dès lors, en refusant de mettre à la charge de Calzado les pertes résultant des opérations de Bourse faites pour le compte d'Audousset, la Cour de Paris n'a point violé les textes de loi précités ;

Par ces motifs,

Rejette.

Donc, avant l'affaire dont nous allons parler, les clients qui refusaient de satisfaire à leurs engagements n'invoquaient pas, ou invoquaient sans succès, l'article 76 qui était dépourvu de sanction. L'exception de jeu de l'article 1965 suffisait, du reste, pour leur mauvaise foi.

Ce fut un coulissier qui fit appliquer pour la première fois la sanction civile de l'article 76. Le fait est assez extraordinaire.

Bonnaud et Cie, coulissiers, avaient fait des opérations pour le compte de Grangier, demeurant à Aix. Ces opérations s'étaient soldées par un débit de 6.531 francs. Le Tribunal de Commerce d'Aix ayant condamné Grangier à payer ladite somme, ce dernier interjeta appel.

La Cour d'Aix infirma le jugement, en visant l'article 76, et décida que des opérations, faites au mépris de la loi, ne pouvaient donner lieu à une action en justice. Si l'affaire s'était terminée après cet arrêt, elle n'aurait pas eu de conséquences graves, mais Bonnaud et Cie eurent l'imprudence de se pourvoir en cassation pour demander comme un droit ce qui n'était qu'une tolérance résultant d'un oubli du législateur.

La Chambre des Requêtes a rejeté le pourvoi par l'arrêt suivant du 28 février 1881 :

La Cour,

Sur le moyen unique du pourvoi tiré de la violation des articles 1134, 1998 et 1999 du Code Civil et de la fausse application de l'article 76 du Code de Commerce :

Attendu que si l'article 76 du Code de Commerce s'est borné à confirmer le privilège depuis longtemps conféré aux agents de change d'être seuls chargés de la négociation des effets publics, la sanction de ce privilège se trouve dans des dispositions non abrogées des lois antérieures, notamment dans les articles 13 de l'arrêt du Conseil du 26 novembre 1781, 8 de la loi du 28 ventôse an IX, 4 et 7 de l'arrêté du 27 prairial an X ;

Attendu que ces articles, non seulement punissent de peines correctionnelles l'immixtion dans les fonctions d'agent de change, mais déclarent nulles toutes négociations faites par des intermédiaires sans qualité ;

Attendu que l'arrêt attaqué constate que Bonnaud et Cie sont des coulissiers, c'est-à-dire des agents d'affaires faisant à Paris, sur le marché libre, des opérations d'achats et de ventes sur les fonds publics ; que les opérations, à l'occasion desquelles ils réclament à Grangier une somme de 6.531,25, sont de cette nature ; qu'ils les ont faites en leur qualité de coulissiers et qu'ils n'allèguent même pas n'avoir été que des intermédiaires entre Grangier et des agents de change ;

Attendu que, dans ces conditions, en déclarant nulles les

opérations faites par Bonnaud et Cie et en refusant action en justice pour les suites d'opérations pratiquées au mépris de la loi, la Cour d'Aix, loin de violer les textes précités, n'en a fait qu'une juste et saine application ;

Par ces motifs,
Rejette.

Président : M. BÉDARRIDES ; — Conseiller rapporteur ; — M. CRÉPON ; — Avocat général, M. BERTAULD.

La Cour de Cassation en déclarant que l'arrêt du Conseil du 26 novembre 1781, la loi du 28 ventôse an IX et l'arrêté du 27 prairial an X étaient encore en vigueur, a consacré la sanction civile de l'article 76, sanction qu'on n'avait pas appliqué avant l'arrêt du 28 février, attendu que les nullités sont de droit étroit.

C'est à partir de cet arrêt que les spéculateurs de mauvaise foi ont invoqué contre les coulissiers l'article 76 et l'article 1965 à leur choix, quand ils n'invoquaient pas les deux articles en même temps.

La loi du 28 mars 1885 a supprimé l'exception de jeu et a décidé que l'article 1965 relatif au jeu ne s'appliquerait plus aux opérations de Bourse. Mais l'article 76 est toujours resté comme la garantie civile du privilège.

Aussi quand les clients sont poursuivis en paiement par des coulissiers, ils se débarrassent de leurs engagements en invoquant la nullité des opérations. Quelques-uns même réclament leurs couvertures sous prétexte que les opérations étaient nulles, *quod nullum est nullum producit effectum.*

La Cour de Cassation a établi, à ce sujet, une jurisprudence aux termes de laquelle tout intermédiaire qui ne pouvait pas apporter la preuve que le client connaissait l'irrégularité de ses opérations était condamné à restituer les couvertures. Mais quand la connaissance de cause était établie, le mandant ne pouvait réclamer aucune justification, attendu que l'on ne peut demander à son complice la justification d'un mandat illicite.

La mauvaise foi devait être poussée plus loin. On alla jusqu'à demander la nullité des négociations faites sur des titres payés, livrés et transférés au nom de l'acheteur.

§ 2.

Refus d'action.

Voici dans quelles conditions la Cour de Cassation a été appelée à se prononcer sur l'étendue de la nullité qu'elle avait appliquée dans l'arrêt du 28 février 1881.

En 1879, Joly (de Besançon) donnait à Oudille l'ordre d'acheter 25 actions de l'*Union Générale*. Oudille transmit l'ordre au *Crédit Provincial* qui acheta les titres, le 25 janvier 1882, et envoya le transfert à signer. Joly signa le transfert et paya les titres.

Le 2 février suivant, l'*Union Générale* ayant été déclarée en faillite, Joly refusa de recevoir le transfert qui lui était renvoyé et assigna Oudille devant le Tribunal de Commerce de Besançon en restitution de la somme de 22.000 francs qu'il avait versée pour son achat, sous prétexte que les titres n'avaient pas été achetés par le ministère d'un agent de change.

Le Tribunal de Commerce a admis la prétention de Joly et condamné Oudille et le *Crédit Provincial* à restituer la somme réclamée.

Sur appel, la Cour de Besançon a réformé et déclaré Joly mal fondé en sa demande.

On s'est pourvu en cassation contre cet arrêt en invoquant la nullité de l'article 76 qui est d'ordre public et qui, à ce titre, ne pouvait être couverte.

Le moyen, invoqué par le demandeur en cassation, ayant pour conséquence de permettre d'annuler pendant 30 ans un achat qui avait cessé de plaire, était des plus graves; il était de nature à froisser profondément le sentiment des honnêtes gens et à jeter une grande perturbation dans la fortune et la conscience publique et cela dans le but unique de favoriser les gens de mauvaise foi. La Cour de Cassation a été effrayée des conséquences iniques que pourrait entraîner la nullité des opérations quand il y avait eu règlement définitif. Aussi elle a voulu fermer la porte à des réclamations déshonnêtes et a trouvé dans notre ancienne législation un arrêt du Conseil du 24 septembre 1724, non encore invoqué. Cet arrêt refusait toute action pour les opérations faites contrairement aux prescriptions de la loi. C'est en se basant sur ce texte qu'elle a rendu, le 22 avril 1885, l'arrêt suivant :

La Cour,

Attendu, en droit, que l'arrêt du Conseil du 24 septembre 1724 qui déclare nulles les négociations de papiers commerçables et effets, faites sans le ministère d'un agent de change, défend à tous huissiers de donner assignation sur icelles et à tous juges de prononcer aucun jugement ;

Attendu que cette sanction du refus d'action, qui n'a été abrogée ni modifiée par aucune loi postérieure et qui a été édictée dans une matière spéciale, doit être appliquée à l'intermédiaire sans qualité comme à celui qui a provoqué ou accepté son intervention, l'un et l'autre se trouvant en faute vis-à-vis de la loi ;

Attendu que si, d'une part, tant que le règlement définitif des opérations n'a pas eu lieu, l'intermédiaire ne peut porter à son compte les négociations faites sans le concours d'un agent de change et poursuivre, par action en justice, soit le remboursement intégral de ses avances, soit l'attribution de sommes déposées entre ses mains, d'autre part, on ne saurait accorder une action en répétition des sommes versées à celui qui, en connaissance de cause, a pris livraison des titres et en a payé le prix ou qui, en l'absence de levée et de livraison de titres, a réglé définitivement les opérations faites ;

Attendu, en fait, que des constatations de l'arrêt attaqué il résulte :

Que Joly, après avoir versé à l'avance 22.000 francs, a accepté le transfert des 25 actions nominatives de l'*Union Générale* qui lui avaient été procurées par l'intermédiaire du *Crédit Provincial* et se les est ainsi appropriées ;

Que, dans ces conditions, l'opération ayant été complétement réglée par Joly, celui-ci ne peut avoir action pour répéter les sommes par lui versées ;

Attendu, dès lors, que c'est à bon droit que l'arrêt lui a refusé cette action ;

Par ces motifs,

Rejette.

La Cour de Cassation a rendu un arrêt identique dans une affaire Bécus contre le *Crédit Général Français*.

En 1879, Bécus acheta par l'intermédiaire de la succursale du *Crédit Général Français* 600 actions de la Société des *Réassurances Générales*. Il paya 145.000 francs pour son acquisition, signa les transferts et fut nommé administrateur de la Société. Lorsque la Société périclita, Bécus donna sa démission et réclama 145.000 francs au *Crédit Général Français*, sous prétexte que ses actions ayant été achetées sans le concours d'un agent de change, la négociation était radicalement nulle, d'une nullité absolue.

La Cour de Toulouse ayant accepté ce moyen, le *Crédit Général Français* s'est pourvu en cassation.

La Cour de Cassation a rendu, le 29 juin 1885, un arrêt identique à celui de l'affaire Joly c. Oudille.

Par l'arrêt du 28 février 1881, la Cour de Cassation a consacré le principe de la nullité. Mais, par ses deux arrêts des 22 avril et 29 juin 1885, elle a manifesté son intention formelle de limiter la nullité des opérations et elle a décidé que cette nullité n'était ni absolue ni perpétuelle et que le mandant n'aurait pas d'action quand il aurait fait un règlement définitif en connaissance de cause.

Conclusions.

L'arrêt du 19 janvier 1860 a décidé que les lois des 28 vendémiaire et 28 ventôse an IX ainsi que l'arrêté du 27 prairial an X (1) étaient encore en vigueur.

L'arrêt du 28 février 1881 a répété que la loi du 28 ventôse an IX et l'arrêté du 27 prairial n'étaient pas abrogés et il a décidé de même pour l'arrêt du Conseil d'Etat du 26 novembre 1781.

Enfin les derniers arrêts des 22 avril et 29 juin 1885 ont limité les effets de la nullité en décidant qu'un arrêt du Conseil non encore invoqué, celui du 24 septembre 1724, était encore en vigueur et cet arrêt, tout en prononçant aussi la nullité des opérations a prescrit, en même temps, le refus de toute action pour icelles.

Il est bien certain que le monopole des agents de change est des plus anciens et que la législation antérieure avait re-

---

(1) Cet arrêté des Consuls du 27 prairial an X est des plus importants ; il a été la loi organique de la Bourse et il n'a jamais été abrogé. La loi du 28 mars 1885 le vise pour porter une modification à son article 13 et le décret du 7 octobre 1890 le mentionne également. Ce dernier décret vise aussi la loi du 28 ventôse an IX.

nouvelé ce privilège et lui avait donné, maintes fois, des sanctions pénales et civiles pour le garantir.

La Cour de Cassation par les quatre arrêts ci-dessus, n'a donc fait que consacrer un privilège qui était constitué par notre ancienne législation.

Imp. G. Saint-Aubin et Thevenot, St-Dizier, 15-17, passage Verdeau Paris